JN440210

그대 머릿결에 쌓이는 슬픔처럼

홍성우 시집

문학의전당 시인선
183

그대 머릿결에 쌓이는 슬픔처럼

홍성우 시집

문학의전당

시인의 말

아름다운 그대를 위해
이 책을 바칩니다.
약속처럼……

그대,
웃고 있나요?

2014년 여름
홍성우

차례

제2부

제3부

제4부

제1부

사랑

세상에!
모종의 절벽이
남아 있었다니

그 수상한
낭떠러지가
날을 세우고 있었다니

직하(直下) 블랙홀

모종의
무반주 첼로*

---

* 임마누엘 바하가 작곡한 무반주 첼로.

흙을 주무르다 말고

흙을 주무르다 말고
손톱 밑에 끼인 시꺼먼 때를 본다
비누를 흠뻑 머리에 묻혀
손톱이 다 닳도록 북북 긁어내도
아픈 간처럼 달라붙어 있다

선생님은 그러셨지
흙일 할 때 잡념은 접어 두어라,
그 쓸데없는 슬픔들이
그릇들을
금 가게 하느니

매운 물레질에 바람이 돌고
땀내 절은 옷, 그 바람에 말려 보아도
내 슬픔들은 웅크리고 앉아,
살아서 무얼 배웠는지
바람을 개어 빚은 버드나무 문양,
하찮은 그릇 한 조각뿐인지

내가 돌아가야 할
손톱 밑 이 진흙 한 덩이뿐인지

어지러운 선회(旋回) 속에 몸을 기대고
가마 아궁이
타오르다 스러지며 흰 연기 풀어놓는
생솔가지 열불에 더운 눈물 훔치며
온갖 생각에 빠져든다

오늘은 빨래비누로 머릴 감아봐야지
비 오는 날
바람은 잘도 머릴 감더니만

그런 것들

썩어야 익는
썩어야 제 맛인
어두운 토굴 속에서 오래 오래 곰삭아야
혓바닥 미로에 짜고 매운 웃음으로 감겨오는
전어 밤젓이나 갈치속젓처럼
내 몸, 소금물 같은 땀으로 젖었으면 하네

그리운 바다로 돌아가는 길이야
내 한 몸 깨끗하면
잘 아는 누군가가 꽃상여를 태워주든지
흰 종이 여비를 몇 푼 말없이 쥐어주든지
몇 켤레의 짚신을 사서 가방에 꾸려주겠지만

아직은 내 눈에 선연한
이 맛깔스런 기쁨들
가슴속에서 흠씬 삭히고 다독이고 쓰다듬어주어야
다시 살아 나와서 꿈틀대는
정신이거나 몸이거나 말이거나

해독할 수 없는 암호거나 어설픈 눈짓이거나
까닭 없는 흐느낌
뭐, 그런 것들

네가 여기

내 마음은 하릴없는 천공(天孔)
응집된 어둠 속에서 내밀히 생성된 기포들
터지지 못한 무거운 거품들만 떠오른다
시위를 놓은 화살처럼 나는 불안하다

빈 들녘이 가열되기도 전에
마음 없는 태양은 먼저 자리를 뜨고
처마 밑에 오래 묶어놓은 그림자들만이
안위(安危)의 노래를 부르고 있다

돌짐을 진 헐벗은 몸 위,
찬바람 귀싸대기를 칠 때마다
푸르게 돋아난 보리밭 겨울 어서 넘기도록
어금니 꽉 깨물며 언 땅 지긋이 밟아가듯
거칠고 못마땅한 내 얼굴 위에
시(詩)를 쓰도록 하자

겨울 남새밭

푸성귀 하나 없다

여과기도 없고 투과막도 없어 삼투압도 힘든
마음의 세포, 그 눈먼 갈래 길들이
먼지 위로 떠다닌다

불안, 네가 여기 있었구나
냉정이 분화구로 패인 네 얼굴 위에
시(詩)를 쓰도록 하자

꽃이 피려나요

꽃이 피려나요?

미망인데
무명(無明)의 날인데

그대는
길을 걸어가고 있나요?
어쩌면 호주머니 속에 꼭 쥔 메모지처럼
맘은 따뜻하게 구겨졌나요?
길 위에 서성이는 어제의 꽃씨들도 보이나요?
그대가 눈물 한 송이 떨구면
알아서 몸을 숙이고 인사하겠군요
그대가 노래 한마디 귓전에 내리면
몸을 떨며 풋풋한 물방울들을 털어내겠군요

선연한 피안인데
무실(無實)의 날인데

그대는 술을 마시고 있나요?
하관(下棺)이 시작되기 전 마지막 수혈인가요?
싸락눈이 내리는데
그대 정원은 라일락 군상뿐인데

누가
어두운 그림자처럼
꽃 피우시나요?

섬뜩한 공허인데
무감(無感)의 날인데

---

*무명, 무실, 무감 : 불교 용어.

바람 부는 날

너의 뒤란

그 푸른

댓잎 위에 앉아

얇은 입술로

휘파람 부는 날

술병

슬픔은
파도 따라 밀려왔다
쓸려 나가고

내 안엔
거품만
남았다 보다

직하(直下), 블랙홀 속으로

서슬 푸른 날 위에
꽃이 피다
바람꽃
바람 위에 얹힌 보랏빛 대궁

직하(直下), 블랙홀 속으로

밀물 때의 갯벌. 이 질퍽한 진창. 어두운 뜨거움.
붉은 혀 안 깊은 숨소리
너는 아직 형형(炯炯)하다
먼저 열린 꽃잎이 희게 젖는다
가장 연한 꽃술에 입술을 댄다
장님나비를 가장한 촉수, 부드럽게 더듬으며

하늘이 파랗게 신음하며 닫힌다
길이 끊기자 날아오르는 너는 완전한 자유다
오로지 눈먼 나비 둘.
소리의 무덤까지 날아오르는,

가라앉기 시작한다 다시 블랙홀

귓가에 닿은 너의 눈물

눈물과 꽃술 사이 패인 너의 웅덩이에

입술을 댄다

古·典·이·되·는·幽·玄

(형형함은 어디로 갔을까!)

낮달이 떴다고 전화를 주시다니요

낮달이 떴어요
서녘 하늘에 낮달이 떴어요
나가 보세요

창문 너머 흐르는 푸르고 밝은 강물 위에
투명한 청자빛 겨울하늘에
흰 그림자 낮달이
그대의 빛나는 손톱마냥 고요히 떠 있었습니다
얼마 만에 보는 낮달인지요
그대 아름다운 목소리가
은종으로 걸려 댕그랑거리고
그리움과 설레임 찍은 지문으로 수줍게 떠 있는 낮달
한참이나 우러르다 들어왔지요

아름다운 것 보고 맛난 것 먹으면
꼭 생각이 난다 하셨지요

흰 눈보다 더 순결한 기쁨을 가슴에 가득 담고,

물개의 집 어귀에서 해맑은 목소리로 부르는
그대의 노래!
낮달
명징(明徵)한 증표 같은 지문
희디흰 그대 그림자

세상에,
낮달이 떴다고 전화를 주시다니요

---

*김용택 시인의 시 「달이 떴다고 전화를 주시다니요」도 있음.

우리는 어디서 왔을까

먼 곳에서부터 가까운 곳으로,
그리운 곳으로부터 낯선 곳으로,
소리치는 철길 위에서부터
느티나무 잎새들 위로
사랑이 시작된 그 흔한 술집에서부터
그대의 붉고 부드러운 입술 사이로
이사를 하다.

짐차가 오고, 삯꾼이 오고,
가스공사 직원이 오고, 중국집 짜장면이 오고
마지막으로
우리가 함께 나눈 시간의 두께만 한
어둠들이 왔다.
짐을 싣는 엘리베이터 앞에 쉽게 철망을 쳤다.
저게 안전망이라고 지나가는 누가 그랬다.

책 상자를 마지막으로 풀다.
어디서 온 것일까

오래전에 그대가 전해주었던 그 글귀,
이 미혹의 산책
혹은 어둠 속에서 느리게 흐르던 우리의 눈물
떠나고 닿는 이 길거리의 무수한 짐들
다시 포장하고 떠나야 풀릴
이삿짐 같은 우리의 사랑들

짐을 꾸리는 사람들 사이에서
그대는 둥지를 새로 짓고 있었구나
그 아름다운 글밭
남녘으로 향한 그 눈동자 잊지 못하여
우리가 디디고 서야 할
푸른 하늘 한 귀퉁이,
이 불붙는
섬돌 위에

떠다니는 기쁨

돌들은
가파른 언덕에서 새 생명을 가진다*
굴러갈 때만
자신이 어디로 가는지 인식을 한다

그 아무것도 아닌 움직임 속에
그 아무것도 아닌 먼지 피어오를 때

생명은
저 돌들 속에도 부끄러이 숨어 있구나

잠자던 꽃들이 움찔거리며
피어나는 오후

가파른 언덕을 올라

살아서
떠다니는

기쁨

배웠다

---

*"돌들은 언덕에서 생명을 가지는 것 같아요" 니코스 카잔차키스의 소설 『희랍인 조르바』에서 조르바가 하는 말.

빗방울

먹빛 어둠 스치는
빗방울
하나

눈부셔라

팔월
눈뜨는 난(蘭)
대궁 위에
곱게 얹히네

침묵하며
면벽하며

그대의 발끝과
맞닿은
우주(宇宙)

먹빛 어둠 사그라지는
이 맑고 아픈

빗방울
하나

그대 앞에
툭!

개심사 명부전

살아서 못 가면
죽어서라도 가보라던
개심사
명부전

바짝 날이 선
붉은 나한들의 칼날 밑
몸을 떨다
시린 무릎 들어
문지방을 밟고 나오니

텅 빈 절 마당,
햇살이 엉켜
놀고 있다
본 적 없는 열반 같다

그 햇살 아래
눈 둘러쓴

비새 한 마리 산 한자락 쪼다 말고
무연한 눈으로
나를 보고 있다

살아서
무릎 곧추 세우고
다시 기어서
명부전으로
돌아가고 싶다

그대 목소리

바람이
바람을 불러 일으켜 세우는 소리
속리산 속살 위를
맨발로 걸어오는 소리
여름 새벽 늪,
연꽃잎 벌어지는 소리
그 꽃잎 위에 가만히 앉은
잠자리 화르르
날갯짓 소리
동백꽃 지는 소리
핏빛 슬픔을 물고
땅으로 내딛는 소리
흰 눈이 내려
스러지는 소리

제2부

사랑이 끝난 후

사랑이 끝난 후
담배 한 대

이것도 노동이려니…….

옛날 영화를 보러 갔다

황지우의 노래처럼
새들이 세상을 뜰 시간도 없이
애국가도 없이

저 흰 허상 위에서 한동안 자맥질치는 것들이 소매 펄럭이는 자객들의 옷자락인지 피바람 나부끼는 저 물가, 진창의 뻘밭에서 죽어가는 싸움터의 죄인들인지 불 꺼진 뒤 그을음처럼 내 망막에 달라붙는 이슬방울인지

물푸레나무 같은, 혹은 부용 같은

그리고 여자들은 모두 가문의 원수를 사랑한다 스토리가 얼마나 흥미진진한지, 얼마나 애절한지 옛날 영화라 누구에게 물어볼 수도 없지만 주인공들은 원수, 증오, 복수를 위하여 이십 년을 칼을 갈고 화해, 사랑, 용서를 단 오 분 만에 해치운다

단·오·분·만·에

그 어려운 것을 그 짧은 시간에?
흰 천에 묻는 저 무지개 핏방울과 죽임, 또 죽음 앞에서
아무렇지도 않은 내가 무서워진다

장날 시장터 저녁 7시부터 2회 연속상영 극장 앞
내 손을 꼭 쥐어주던
아버지의 큰 손

---

*윤대녕의 소설 「옛날 영화를 보러 갔다」도 있음.

그리움이 눈뜰 무렵

그대가 눈뜰 무렵
봄이 왔었네
무엇이 일구어놓았을까
성긴 듯 저렇게 자잘한 물소리
밤새 계곡을 적셔오고
홀로 앉은 밤
바람이 앞질러 쓸어놓은
이 따뜻한 적막

그리움이 눈뜰 무렵
그대가 왔었네
뒷산 낮은 언저리에 머물던
마른 풀잎들 수런거림 서둘러 달래고
그대 체온 나누려
그 시린 땅속에서 세우던
어둠 맨 안쪽, 속살에 닿는
한 줄기 빛

봄이 눈뜰 무렵
그리움이 함께 왔었네
땅을 뚫고 빼곰하게 솟아나는
어린 싹들과
초경 맞은 소녀의 가슴처럼
가만히 돋아난 설레임
봄볕 아래 골목길
그림자놀이
담벼락에 기대어 서서
그 소녀 집 처마 그늘,
하루 종일 어룽대는
햇빛무늬를 보고 있었네

아름다워라 그대의 향기

창 너머 봄 바다엔 당신의 웃음이 가득 출렁이고 있습니다
밝은 햇살 모래가루처럼 부서지고
당신은 그 눈부신 기쁨과
슬픔들을 쓰다듬고 있는 싸포오*입니다

언제나 그리운 사람,
당신이 '좋아'라고 말하면 내 큰 즐거움,
당신이 '아니'라고 말할 때 나는 무너져버립니다

어젠 둘이서 하얀 꽃잎 무리 지어 내리는 길을
다녀왔지요. 아무도 앉아 보지 않은 벤치에 앉아
맥주를 마시며 당신은 저를 보고
참 편하다고 말했지요
사랑한다는, 그립다는 말보다
더 진한 당신의 가슴
당신이 편한 시간, 당신이 좋은 나무숲,
당신을 닮은 흰 꽃잎들.

모두가 오롯한 기쁨
그대보다 내가 더 설레어
푸른 보리나, 흰 아카시아나, 이렇게 헤적이는
고운 물결까지 왜,
그대가 옆에 서야 빛이 나는지

당신의 흰 손가락으로 나무 스칠 때
그 나무 다시 달디단 수액 금방 채우듯,
오래 오래
그대와 있었으면 해요

그대가 준 프리지어가 지금 기침을 해요
아름다워라, 그대의 향기

---

*싸포오 : 고대 그리스 여자 시인.

첫눈

첫눈이 오려나요

그대
여리고
시린
입술 같은

첫눈이
오려나요

그대가 기댄
나뭇가지 사이로
깨진 유리조각 같은
하늘 사이로

눈물만큼
쏟아지려나요

그대 눈에 고인

첫

눈

여름비

그대는 이 비처럼
맑은 눈물 흘렸던가요?
검은 강물 줄기, 얼굴 위를 돌아
물빛 몸매 가득
흘러내리고 있었던가요?

그대의 눈물은
그대 것이 아니었던가요?

한 송이 눈물
그대는 내 다음 삶의 아픔이었던가요?
바다가 보이는 청솔나무 아래
짙푸른 슬픔들을 가득 싣고
빗줄기 사이 적막강산으로 다가가던
아름다운 흐느낌이었나요?

아름다워라
온몸이 눈물인

여름비의

생애

산이 울더라

너의 희디흰 덧니
잠시 보일 듯

깊고 음울한 흉곽
밭은기침 간신히 감출 때

너의 슬픔 같은 꽃잎들
조용히 피었다 죽고

산그늘 아래
누군가 떨어뜨린
새소리

가을 바다

숨 쉴 때마다
푸르게 떠오르는 입김

그대 닮은 낯선 사람 하나
처음을 물어보며 웃다
가만히 우러르는 하늘가

화장을 갓 지운
여자 같은,

멀리서
한없이 외로울 때
오래 쓰다듬던
에메랄드 반지 같은

대숲에서

여름날 집 뒤란
장막을 친 푸른 댓잎처럼

소나기 끝 잠시 여무는 푸르른 강물
그 강물 깊은 속살 지느러미에 감기는
풀잎처럼

길섶 시든 개망초 꽃 위로 스치는
채도 낮은 흰빛 어스름같이

바람 불면
대밭, 저 푸르고 아득한 고요
약속도 없이
우르르 흩어지듯

비 온 뒤
청록의 물기 머금은
눈부신 댓잎

그러나

내 곁엔 그대가 없다

기도할 수 있다면

이 몸,
아픈 사람들 틈에 끼어 있게 하소서
먼 곳으로부터 아픔이 무리 지어 오는
그 섬광의 별 하나,
녹슨 못질하듯
내 눈 속에 때려 박으소서
내 손을 잡은 옆 사람, 그 아픔으로
나를 물들게 하소서
한없이 기우는 눈물의 바퀴에
내 몸이 치여
고통으로 소리 지르게 하소서
오늘 길거리를 걸을 때
어깨 위로 몸 붙이는 흐린 진눈깨비 몇 송이,
그 얼룩진 가벼움 대신
주실 수 있으시면
아픈 사람들 사이 어둡고 쓸쓸한
자리 하나
내어주소서

봄 바다

오늘은 아그네시카*처럼 눈부셔
홀로이 부끄럽지 않네

짧은 밤 지나
당신 눈 위 초생달 눈썹
가만히 지우고

다시 돋아 나오네
이토록 좋은 아지랑이처럼
갈매빛 바다

새로이 떠오르는
세상이네
참 고운
물살이야

노랑나비마냥 헤적이는

---

*마르크 플라스코의 소설 『제8요일』에 나오는 여주인공.

얼굴

담배연기처럼
뼛속 깊이 스미는
슬픔이었다가

내가 잠든 사이
구름 사이로
언뜻 스치는
달빛이었다가

그대의 편지 혹은
전화를
종일 기다리다
소스라치는
꽃잎이었다가

이토록 무심히
비 내리는 동안
그대의 바닷가

후미진 곳의
썰물이었다가

썰물 후에
또 다른
썰물이었다가

개심사

나는 지금
본디의 나에게로 가는
혹은
본디 흔들리는 그대에게로 가는

대웅전 기왓장 위로
무량으로 쌓인
해묵은 눈들이
눈 녹듯 녹고 있다

그대를 만질 때마다
내지르는 외마디 소리
그대의 두 눈썹 사이 주름 속에
고이고 구르다 잠시 비껴나는
어린 날짐승들의 거친 숨소리

맑은 슬픔
어지러운 기쁨

부처가 손바닥으로 훑어놓은
앞마당 연못엔
통나무가 놓여 있다

통
통
통

不敬이다 佛經이다
佛法이다 不法이다

통

초봄

내 정원 한 귀퉁이에
오래 서 있는
단풍나무 손가락 마지막 마디에
바람 걸려 있다
겨울의 끝
작은 욕망의 움이 트고
살아 있어
저쪽의 어둠이 보이지 않아
연줄처럼 가지에 묶인 바람은
이제 나무 속의 그 연초록 꿈틀거림
그 몸짓에게
말을 걸어본다
들여다보면 여적 눅눅한 슬픔
넌지시 배를 밀어보듯
아직도 머리를 빗어 내리는 저 바람에게
손을 내민다

제3부

어쩐지 눈이 시려온다

새파란 얼굴로
강을 건너는
새떼들이 가끔 물에 젖고

한순간의 날갯짓에도
하늘이거나 강물이거나
욕심이거나 허망일

모래톱 위에
오래 서 있으면

어쩐지 눈이 시려온다

가위 바위 보

사랑을 말하다
사랑을 말하지 않다
어느 쪽?

꼭대기에
두 잎 남았다

아카시아
푸른 잎사귀

초여름 저물녘
자그마한 공원 벤치
젊은 아이 둘 있다

대정리 소묘(素描) 1

산방산 아래 안개 자욱하다

노루 한 마리
단풍잎 닮은 발자욱으로
새벽 바다를 찍어가다
나를 응시하고 있다

추운 날 소나무,
봉은사* 대장경 모신 판전(板殿)은
추사(秋史), 그대
투정 부리는 하루방 몫이고

흰 수선화 몇 포기
바람에 흔들린다

하루방의 꽃이라고
아이들이 어리광부리며 지나간다

---

*봉은사 : 서울 청담동에 있는 절.

대정리 소묘(素描) 2

추사 유배지 옆
박물관에 서면
세한도에 갇힌 그대 집이
조촐하구나

누가 지었는지,
소슬하니
간결하니
칼칼하니
그래도 풍경은
수류화개(水流花開)고

세상 어둔 물정 모두 뽑아
바다에 던져버리고
조랑말 털 성긴 붓 하나로
잣나무 앞마당 쓸어놓았네

찻잎 따러 갔는지

그대는 없고

송악산 하늘 위로
양털구름만 흐르고

즐거운 제주

제주 구좌읍 당근밭 담벼락에는
바람이 지나는 길이 따로 새겨져 있다

무슨 기름을 발라놓았는지 까무잡잡 곰보 돌담 틈새로 양털구름이 먼저 지나가고 민들레나 엉겅퀴 솜털이 지나가고 당근 순 뜯다말고 정분이 난 젊은 노루 한 쌍 지나가고 육지서 시집온 새악씨도 지나가고 아기를 가진 여자도 눈을 가리며 지나가고 술 취한 망아지도 지나가고 비자나무 홀씨들도 몇몇 몸을 굴려 지나가고 담배연기 같은 그리움들도 슬쩍 지나가고 돌담 안 둥지에서 어린 새들이 휙, 연습 삼아 한번 지나가고 아직 청춘인 뱀도 꿈틀거리며 지나가고 도무지 믿을 수 없겠지만 밤엔 노오란 달빛들도 부드러이 지나가고

매끄럽기도 하지
마지막으로 돌 틈새와 틈새 사이 몸을 집어넣은
바람이 지나간다

제주 당근밭 담에서 벌어지는
이 은밀한 내통

바람의 길들

오월

푸르고 투명한 물비늘이 돋아나는 수목 곁에
잠시 서 봅니다
손가락으로 나뭇결 더듬어
청신한 향기와 황홀한 웃음 가득히
수액이 흘러나와 내 눈과 소매와 발목을 적시고 있군요
아주 오래전에 그대가 쥐어주던 이슬방울들

오월
적멸의 시작이 이런 느낌인가요
내가 여기,
이 바람 속에 스미는 목소리를 듣지 못하듯
그대는 흔들리며 사라지려는
그 피안의 꿈들을 알지 못합니다
흔들리는 내가 없으면
바람은 목소리조차 지니지 않는데

어느새 그 바람,
눈감고 숨죽여

내가
없군요

마치 텅 빈 오후의 산사처럼

이 아침,
눈부신 고요만이 거니는 이 시간
햇살이 털어내는 마른 물방울 몇몇만이 땅 위로 구르는
이 찰랑이는 시간,

아름다운 고요 한 줌을
그대에게 드립니다

대마도에서

초콜릿 빛 차양이 달린 테라스에 앉아
빙수 같은 맥주를 마시며
어두워지는 바다를 본다

검은 구름 풀어 헤친 검푸른 대마도 앞바다
끓어오르는 가래와 밭은 숨을 감추고
어두운 물속에서 저 홀로 자맥질하던
어제의 내 행적들을 간신히 동여매고 있다

오래 오래 몸살 앓다 처음인 듯
긴 허리를 돌아누우며
저 바다, 휘영한 뼛가루들을 날리운다

반도의 길을 돌고 돌다 바다에 닿아 휘어지며
저 섬 속으로 말없이 스러져 가는
보랏빛 바람들의 모서리를
까마귀, 들고양이, 노루 같은 즐거운 들짐승들 몇몇,
천천히

천천히 핥고 있다

슬픈 역사를 남기고 등 뒤로 아득히 잊힌
그 몰락한 뼛가루의 유순한 이름들이
물금이 박힌 하늘에서부터 바다 위로 길을 만들며
철벅 철벅 맨발로 걸어서 온다

술이 오르는지 장마가 시작되려는지
내 눈 언저리로 들이미는 물안개
풍경들은 불빛 속에 젖어가고
나는 다시 맑은 술로 마음을 헹구어본다

나를 품에 가두던 어제의 흰 파도,
발밑에서
거품으로 부서진다

바다에 서서

언젠가
당신 앞에 조용히 섰듯
겨울 햇살 모아
작은 은비늘 여럿 만들고

막막한 웃음, 더욱 투명하게
당신을 닮은 얼굴 모두
바다라고,
부끄럽게도 바다라고
이름 지었다

그래도 아직 난
당신에게로 가는 길을
알지 못한다

내 삶 언저리에 끝닿은
당신의 맑은 숨결과
당신의 고운 손짓으로 가볍게 떠오르는

장미 같은 노을, 구름과
시린 두 손에 가득 모은
구슬픈 사랑,

모두를 바치더라도

아아! 오늘도 살아 있는 바다

그러므로
당신에게 닿는 길은
이토록 푸르게 열리는

물살뿐

미친 듯이 껴안는다

이 밤
무엇들이
미친 듯이 껴안는다

낯선 지구 드러내는
가장 좋은 그림이 실린
아리비안나이트

내가 아는
그 바람
놀란 물고기처럼
그물 속으로 미끄러졌다

누구도 사랑할 수 없어
나를 만난 듯
꽃이
매달린다

나는
미친 듯이
나를
껴안는다

내가 사랑하는 사람

첫눈처럼 가벼운 사람
어디에 발 붙여도
봄비처럼 서러운 사람
고운 봄 바다에 닿더라도
슬픔에 익숙한 사람

투명한 유리잔에 손가락으로 금을 긋고
그은 금에 가만히 입술을 대는 사람

흐르는 바람을 노래로 바꾸는 사람
외로워 울고 있는 사람
잊기 위해 잠드는 사람

아보카도를 김에 싸서 주는 사람
그리움이 무엇인지 모르는 사람
그리움이 무엇인지 아는 사람

내가 사랑하는 사람

미치도록 사랑하는 사람

내가 죽어도
좋을
사람

사랑이 오면

내 마음속
사랑이 찾아오면
새벽바람 받아 머리 빗어 내리고
빈 소매 가득
그대 향기 채우고
눈물 번지는 웃음 잠시 전한 뒤
가슴속 오래된 폐허
꽃 그림자 머무는 개울가에 흘려보내리

봄 바다
맑은 물 잔잔히 비단결로 풀리어
모래밭에 찍히는
아름다운 발자국 보며
그리웠던 그대의 그 노래
나직이 불러보리라
힘겨웠을 그 겨울, 흰 조개껍질만 남아
살아 만나는 일이 더욱 서러운
이 봄날의 바다

가슴에 찍힌 그대 슬픈 화인(火印)을
고운 물살 위로
가만히 실려 보내리

벌거숭이 바다에게 차를 청하고
갯바위에 앉아 턱을 고이면
남루한 내 무릎 잠시 흐느껴
하루쯤 물리어도 좋으리

착한
사랑이 오면

대성리 북한강

내 등 뒤에 머물다 가만히
강물에 몸을 지우네
바람 한 올 건드릴 때마다
그대 눈 새로 깜박여
물꺼풀 위 솔씨처럼 틔운
햇비늘 여럿

내가 잠시 머물러
헤엄을 치던가
아니면 자맥질을 위해 숨을 몰아가던
큰 산 아랫도리 하나
생각난 듯이
물 위로 차오르네

떠가는 강물
수척해진 나무들
나무껍질에 얼굴을 대는 다람쥐
강을 내려다보는 건

내가 아니지

나는 아니야

햇살 알맞게 스러지다
그대 눈 너머
저녁놀 스민
산등성이

산등성이를 적실
저문 날의
강
강물

너에게

너에게 시간을 물으면,
살면 얼마나 산다는 것이냐
라고 되물을까
시간이 태어나기 이전
우리는 새벽길을 함께 걸었음을,
천천히 굴러가는 우주의 수레바퀴 소리를
내가 먼저 듣고
곁에 선 너에게 말해주었던 것을
너는 기억할까

너에게 사랑을 물으면,
오월 늦은 저녁,
꼿꼿이 고개 쳐든 장미에게 다가가 보렴
그 향기에 어찔하며, 나직이 몸을 열고
우리의 손을 잡으며
입 맞추리라
우리가 태어나기 이전
네가 나를 보며 웃음 날리던

그날처럼

그 한낮의
황홀한 깜박임처럼

눈 내린 날

눈 내린 날
어디로 향해도
전부 다 길이 된다

내 몸 바깥 모든 어둠들이
수문을 열고
길을 만든다

한 조각
길을 베어 물면

아직도 연한 풋것
신새벽
감꽃이 진다

제4부

그대 머릿결에 쌓이는 슬픔처럼

그대 머릿결에 쌓이는 슬픔처럼

그대 가슴속에 내려 쌓이는

흰 눈이 왔으면 좋겠습니다

그대가

죽도록 보고 싶은 날

부석사 1

부석사 앞마당에 고요히 서서

소백산 나무들 보면

나도 훌랑 벗어 던지고

저 나무들 속살 안으로

안겨 들어가

드러눕고 싶다

부석사 2

안양루 오르는 길
수국 수국 수국
흰빛 물빛 보라
겹겹의 눈꺼풀들 피고 지고

백일홍
분홍의 꿈들
나뭇가지마다 걸어놓고
혼돈과 열반의 길을
지 맘대로 보여주다

그리운 것들을 허공에 띄워놓고

내 꿈을 뒤흔드는 그대
아름다운 그대도,
삽상한 묵상(默想)을 하늘에 바치며
지금도 그 절 앞에
기대어 있을까

눈

창밖으로 희고 고요한 눈이 내린다
그대의 길고 섬세한 속눈썹 위로
잠시 몸을 뉘었다가
잠시 생각에 잠겼다가
잠시 팔베개를 하였다가
잠시 일어나
그대의 눈물이 되는 눈

늦은 첫눈
나의 자리에서 약간 떨어진
예감의 그늘 안에도
수선(修繕)이 필요한 침묵과
침묵이 필요한 사랑
그 위에도 내려 쌓인다

그대를 배반하는 나의 부재
견디지 못하는 것들은
하늘에서 육각형으로 캄캄하게 부서지고

적멸보궁의 낡은 단청처럼 바래지고
먼지가 되어 서역의 사막으로 날아가고 난 후
그대는 나의 부재
그 틈 사이로
혹시 하며 다시 발을 디딜 것이다

그러므로 나는 더 크고 깊은
나의 그 있지 않음과
있지 않음의 자리를 채울
저 눈발처럼 가벼운
그대의 발자국을 기다린다

몸 내리기

술 마신 후에
샘물 삼키며 고개 흔든다
목젖 깊숙이 그 아래
노란 림프액들이 들끓기 시작한다

프리지아를 닮은
님프들은 숲가에서 목욕을 하고
잔 속에 비친 얼굴
나르시스처럼 그녀들의
투명한 속살을 들여다본다

오, 한 사람의 님프여,
그대 뒤척일 때마다
물안개 가득 휩싸고 림프액 가로지르는 배가
그댈 그 숲에 데려다놓네
오직 한 사람, 나의 그대여
수면은 기름처럼 번지는 함정이네
맑은 물줄기에도

불안한 마음이네
그러므로 숲의 내밀한 아픔도
그대와 함께 숨기기

술 마신 후에
팽이치기나 연날리기나 물 끼얹기 같은
이 장난
연을 날리다 실 끊기면
아득한 슬픔도 숨겨주기

숨기 장난 마치면 그대는 숨고
그제서야 나는 술값을 지불하고
그대 숨은 숲속에
몸을 내린다

꿈

등 뒤
바람이 찰 때
낮고 긴 휘파람 불며
그 골목길 더듬어보는 것

따스한 그대의 숨소리도
살 저미는 칼날 같은 바람도
나뭇가지 사이
누군가가 흔들던 은방울 소리도
우아한 연기처럼
조용히 스미는 저녁일 것

푸르른 바다 위로
당신은 눈을 감고 건넜다
눈꽃 같은 흰 꽃잎들
아득한 하늘로 퍼져 올랐다
잊은 듯 방 안 제비꽃들은
거울을 보며 가끔 헛웃음을 해대고

정말이지,
모래 위의 샛길처럼 가볍고
하늘 위의 깃털처럼 날고
삼도천 강물에 발을 담그고

어린 날, 열병을 앓던 밤의 데자뷰*
불면의
불멸의
꿈

---

*처음 와본 곳, 처음 본 사람이지만, 예전에 와본 것 같은, 예전에 본 사람 같은 느낌이 드는 것. 기시감(旣視感)이라고도 함.

베어지지 않은

베어지지 않은
풀잎 하나가
시냇물에
떠내려가고 있다

베어지지 않은
슬픔 몇몇이
웅얼거리며
들판에 흩어져 있다

풀잎이나 슬픔이나
나뭇잎이거나 먼지거나
내가
그 지경이 아니라면,
무참히 허리 꺾인 것들을
끌어안고 흐르는
물이 아니라면

미친 죽음까지도
아파오는 이 바람 앞에
허리 베어진 채로
목젖 아프게 울음 참고
그냥 침묵해야 할까

힘없이 흐르고
힘없이 떠내려가는 풀잎
베어지지 않은 풀잎
온통 슬픔뿐이다

눈이 쏟아지고 있네

언젠가 가득히 안아야 할,
그대의 떨림들
내 젊은 날
날이 선 시간 혹은 유리조각에
긁힌 상처들이
그대와 함께 돌아오네
어제를 감춘 어떤 편지들
사각 사각
공중의 낮은 발자국 소리들
슬픔을 동여맨 그대의 흰 목도리
그대의 푸른 이마 위에
오래 잊은 사랑의
흰 눈이 내려,
그대가 키운 내 정원 몇 그루 나무들
가만히 웃고 있네
그대의 작은 떨림들을 쓸어주며
내 앞에 눈이 쏟아지고 있네
내 긁힌 상처에서 돋아난 새살 조각들이

그대 앞에서
저토록 퍼붓고 있네
이제야 기억하듯
그대를 만난 그다음 날
눈이 쏟아지고 있네

낙타에게 길을 묻다

낙타 한 마리
있었으면 좋겠다

눈썹 위로
재즈풍의 바람 흐르는 날
당신이 돌보던 낙타
손바닥보다 더 작은 나뭇잎에 가리운 날

짙은 소금기 묻은
우리의 사랑이
희디흰 햇살로 흩어져 날리면
세상엔 변한 것 없이

낙타는
떠날 차비와 돌아올 차비마저 끝내고

또 한 번 마주쳐
기인 강 끝나는 바다

뒤척이며 몸 가누지 못하는
당신과 나는

오래된 나무뿌리처럼
사막을 건너는

"낙타에게 길을 물을 것"

섬

— 사량도에서

섬으로 가는 뱃길 사이
젖섬을 보았다

소금에 젖은 바람
뒷산 옥녀봉 밤새 흔들고,
나는 잠 없는 그림자가 풀어놓은
밤을 걸으며
玉女와 사랑을 나누지 못한
나그네새들의 슬픈 전설을 들었다
그들은 아마도 옥녀 아버지의 혼령이었을 거라고 했다
그들은 무슨 사랑을 나누지 못했을까
쉼 없이 흩어지고 흩어져
내가 없으면 길도 없는 이 섬에서
그들은 무슨 색, 어떤 사랑을
아낌없이 나누어 가지지 못했는지

미끄러지는 배,
미끄러운 옥녀의 숨소리

뱃머리에 붉은 노을 가두고
이제 잠시 고개 돌려
보랏빛 하늘을 보자
보로메 군도(群島)*로
배낭을 꾸리기 전에……

*보로메 군도 : 장 그르니에의 산문『섬』에 나오는 카페 이름.

또 개심사

이상하기도 하지

개심사 오르는 흙계단 길
분명히 처음 오르는 길인데도
뒤돌아보면
늘상 내가 걷는 그 길이다
그만 아득하여
한쪽 가지 부러진 나무를 붙잡고 마는

내가 금을 긋고 있는 걸까
이승과 저승의 경계를 내가 그리는 걸까
내가?
죽음은 낮은 곳으로 흐른다는데
나는 올라가고 있는데

어디로 향하는 걸까
반듯한 그대여,
땅금이나 물금 그 너머 어디쯤

헐거운 바랑 하나뿐인
이 길, 아주 오래전
어릴 적 길을 잃고 헤매던
강물 근처인 것 같아

누군가
헐거워진 나를 안고
또 어디론가
흘러갈 것 같아

---

*땅금은 지평선, 물금은 수평선.

지리산 천은사

고적한 날들에도
늘 바람은 웅성거리는 것

처마 낡은 다포조각들 사이
풍경 언저리를 더듬는 바람의 몸짓들 모두
그대인가 싶었네

견디다 견디다
가만히 화관을 벗은 산
벌거숭이산에 고개를 내밀고
처연히 그대를 지키는 절

슬픔을 기르고 쌓는 사람들이
이 산에 터를 고르고
그 슬픔을 묻고 아닌 척하는 사람들이
이 산 가슴에 절을 하나 짓는가

은자(隱者)처럼 살아

숲속에서 은빛 햇살들을 묶고 있는
그대가 그리워
절 하나 지었네

산속을 빗질하며 빗질하며 헤맨 바람,
그대가 떨구는 땀방울로 가라앉는
천은사(泉隱寺) 숨은 샘 그 곁에
아무 뜻 없이
절 하나 지었네
언젠가 그댈 맞을 자리인 양

변해가는 것들

아무 생각 없이 고사리를 꺾다가
산등성이나
흙바람 날리는 묘지 위에 앉으면
다리엔 쥐가 날 거야

하늘보다 더 푸른
물고기 등줄기 위로
어두운 비늘이 돋는다면
뱃노래도 목이 쉴 거야

아무리 불러도 그들은
다시 무대 위로 나타나지 않을 거야
왜냐면
재빨리 화장을 지우고
어느새 우리 곁에 돌아와
잠들 테니

아름다워 하고 말할 때만

변하는 사랑
그 사람들 변하게 하는 건
사랑뿐임을

이른 아침, 잠들기 전

새벽이 열리는 것처럼
사랑은 우리에게
가만히 온다

새벽은 소리 없이 다가오지만
어느새 시간은
모닥불을 지핀다

소리 없는 사랑,
삶이
환해진다

해설

멜랑콜리한 사랑의 에피파니(epiphany)

고광식 시인, 문학평론가

1. 그리운 신호

홍성우의 첫 시집 『그대 머릿결에 쌓이는 슬픔처럼』은 시적 주체인 발신자가 사랑의 대상인 수신자에게 보내는 은밀한 기록이다. 세상의 주체들은 수많은 결점을 가지고 태어난 태생적 한계 때문에 아이온의 세계에서 자신을 메타인지(metacognition)하는 행위를 숙명으로 여긴다.

시인은 메타인지 방법으로 세상의 타자에게 멜랑콜리한 사랑을 신호로 보낸다. 그것은 시인의 내면세계에서 처참하게 무너지고 생성되는 핸디캡을 드러내는 치열한 의식이다. 이와 같은 자의식의 표면을 찢고 주름 잡혀 나오는 신호는 동물학자 자하비(Amotz Zahavi)가 적시한 '핸디캡 원리'와 유사하게 닮아 있다. 핸디캡 원리란, 예를 들어 가젤(gazelle)의 뛰어오르기 행동은 포식자에게 자신을 노출시켜 위험할 것 같지만, 자신의 건장함을 과시함으로써 쫓아오지 말라는 신호가 된다는 것을 뜻한다. 즉 그 능력을 갖지 못한 포식자에게 핸디캡이 생겨 포기하게 만드는 것이다. 하지만 홍성우 시의 주체는 자신의 상처를 드러냄으로써, 그 극단의 아름다움 때문에 타자에게 핸디캡이 생기도록 한다는 점에서 자하비의 핸디캡 원리와 다르다. 시인은 끊임없이 자신에 대한 연민을 아이온의 허공으로 푼크툼(punctum)하게 쏘아 올린다.

"썩어야 익는/썩어야 제 맛인/어두운 토굴 속에서 오래오래 곰삭아야"(「그런 것들」)라고 홍성우 시의 주체는 세상의 타자에게 신호를 보낸다. 세상 속의 존재자로 버티고 서 있는 '나'는 근원적 결점으로 인해 썩어야 한다. 썩어야 세상의 혓바닥으로 짜고 매운 신호를 보낼 수 있기 때문이다. 정신의 해골화가 충분히 진행이 되어야 '나'라는 맛깔스러운 주체는 "해독할 수 없는 암호거나 어설픈 눈짓이거나" 아니면 "까닭 없는 흐느낌"으로라도 세상을 향하여 신호를 보낼 수 있다. 그것은 세상의 타자에게 상처 입은 '나'를 그대로 드러내는 것이며, 안팎의 아포리아(aporia)에 직면해 있는 '나'의 퍼스낼리티(personality)를 규명하는 일이 된다. 이런 점에서 세상으로 보내는 신호는 "누가/어두운 그림자처럼/꽃 피우시나요?"(「꽃이 피려나요」)처럼 선연한 피안으로 향한다. 「빗방울」이란 작품은 그러한 속성을 나타내는 인지 가능한 예증이다.

먹빛 어둠 스치는
빗방울
하나

눈부셔라

팔월
눈뜨는 난(蘭)
대궁 위에
곱게 얹히네

—「빗방울」 부분

'빗방울은 그 눈부심으로 인하여 세상의 타자에게 보내는 그리운 신호가 된다.' 홍성우 시의 주체는 비에 흠뻑 젖은 '나'를 묘사하지 않으며, 인간과 자연의 불화를 미장센으로 보여주지 않는다. 시적 주체가 자신을 표상할 수 있도록 먹빛 어둠 스치는 빗방울 하나를 풀샷으로 잡는다. 만약 그가 창처럼 쏟아지는 빗방울을 묘사했다면 우리는 홍성우의 시에서 리비도(libido)의 강한 욕망만 확인했을 가능성이 크다. 그러나 홍성우 시의 주체는 그러한 불측지연의 욕망을 비껴가며 신호와 속성 간의 내적 연관을 형상화한다. 신호는 시각적이고 촉각적일 때 그 전달력이 빛난다. 왜냐하면, 발신자의 의도를 수신자가 인지하기 쉽기 때문이다. 여름은 모든 생명체의 성장 및 숙성과 필연적 상관관계를 맺으며 뜨겁게 세상을 성장시키는 계절이다. 시적 주체는 햇볕이 강렬한 팔월에 빗방울 하나를 난(蘭) 대궁에 얹는 의식을 거행한다. 이처럼 돌발적인 시적 주체의 행위는 세상의 타자에게 보내는 신호이다. 수신자인 우리는 우주와 맞닿은 빗방울을 인식하며, 각자 자신을 발효시킨 빗방울 하나를 사랑하는 사람 앞에 놓아야 한다. 빗방울을 환상적으로 치켜든 행위는 그리운 신호가 되어 높은 신뢰성을 갖고 세상을 청각적으로 시뮬라시옹(simulation)한다. 톡!

2. 사랑 거리 척도와 생성의 논리

홉스테드(G. Hofstede)의 권력 거리(power distance) 척도를 비틀어 사랑 거리 척도를 말한다면, 사랑은 우리의 모든 감각을 관통하며 가슴속에서 생성되어 거리 척도의 높

낮이로 서로에게 존재한다. 인간에게 있어서 사랑의 방식은 연민과 안타까움으로 허공 높이 탑처럼 쌓아올리는 것으로 표상된다. 때로 그것은 양날의 칼이 되어 '나'를 무너뜨리는 기제로 작용한다. 세상의 주체가 타자를 사랑할 때, 공감과 연민이 서로의 가슴에 데칼코마니적인 무늬를 만들게 된다. 이때 사랑 거리 척도는 높게 나타날 것이고, 그 반대의 경우처럼 퍼스낼리티가 달라 서로의 가슴에서 연민이 불가해성의 늪으로 빠져든다면, 사랑 거리 척도는 낮아질 수밖에 없다. 사랑의 방식은 발생하는 지점이 따라 서로 충돌하기도 하고, 공존하기도 한다. 홍성우 시의 주체들은 사랑의 대상이 불가해성의 늪으로 끊임없이 빠져들기 때문에 사랑 거리 척도가 매우 낮게 나타난다. 생성되었던 사랑은 축제처럼 일탈 또는 해방의 의미를 갖지만, 초월적인 힘을 경험하기도 전에 상처받은 존재로 발견된다.

그래도 아직 난
당신에게로 가는 길을
알지 못한다

내 삶 언저리에 끝닿은
당신의 맑은 숨결과

당신의 고운 손짓으로 가볍게 떠오르는
장미 같은 노을, 구름과
시린 두 손에 가득 모은
구슬픈 사랑,

모두를 바치더라도

아아! 오늘도 살아 있는 바다

그러므로
당신에게 닿는 길은
이토록 푸르게 열리는

물살뿐

—「바다에 서서」 부분

사랑 거리 척도가 낮다는 것은 "내 삶 언저리에 끝닿은" 처럼 가슴 한복판을 비켜가 있는 진술로 자연스럽게 나타난다. 만약 사랑 거리 척도가 높았다면, 시적 주체는 가슴 한복판에서 현현되는 환상적 에너지를 경험하여 격정적인 파토스(pathos)를 드러냈을 것이다. 그때 시적 주체가 인지할 수 있는 공간 내에서 그녀 또한 격정적인 몸짓으로 춤을 추었을 것이다. 하지만 사랑의 대상에게 감응되기는 했지만 사랑은 알 수 없는 형이상학적 세계를 떠돌았기 때문에 시적 주체의 사랑은 낭만적이지 않다. 그 사랑은 구슬프게 "당신의 맑은 숨결"을 멜랑콜리한 영역으로 불러들이고, 그늘이 너무 짙어 "당신의 고운 손짓으로 가볍게 떠오르는 장미 같은 노을"을 바라보는 허구에 빠져든다. 시적 주체가 주름진 얼굴로 두 손을 애타게 모으는 사랑의 전체성 속으로 자신을 묶어놓아도, 사랑은 알 수 없는 물자체처럼 푸른 바다 위에 존재한다. "아아! 오늘도 살아 있는 바다"라고 판단하는 시적 주체의 명제가 굳게 닫힌 문을 여는 유일한 희망이다. "당신에게 닿는 길은 이토록 푸르게 열리"지만 "물살뿐"이기 때문에 사랑 거리 척도는 낮은 곳으로 흐른다.

창밖으로 희고 고요한 눈이 내린다
그대의 길고 섬세한 속눈썹 위로
잠시 몸을 뉘었다가
잠시 생각에 잠겼다가
잠시 팔베개를 하였다가
잠시 일어나
그대의 눈물이 되는 눈

늦은 첫눈
나의 자리에서 약간 떨어진
예감의 그늘 안에도
수선(修繕)이 필요한 침묵과
침묵이 필요한 사랑
그 위에도 내려 쌓인다

그대를 배반하는 나의 부재
견디지 못하는 것들은
하늘에서 육각형으로 캄캄하게 부서지고
적멸보궁의 낡은 단청처럼 바래지고
먼지가 되어 서역의 사막으로 날아가고 난 후
그대는 나의 부재
그 틈 사이로
혹시 하며 다시 발을 디딜 것이다

그러므로 나는 더 크고 깊은
나의 그 있지 않음과
있지 않음의 자리를 채울
저 눈발처럼 가벼운
그대의 발자국을 기다린다

—「눈」 전문

사랑 거리 척도가 낮더라도 홍성우 시의 주체는 "창밖으로 희고 고요한 눈이 내린다"고 생성의 가능성을 열어놓는다. 시적 주체가 살고 있는 시공간으로 눈이 내린다는 것은 자신을 성찰할 수 있는 메커니즘이 작용한다는 것을 의미한다. 폭설이 세상을 덮어야 사랑 거리 척도는 반전이 가능해진다. "그대의 길고 섬세한 속눈썹 위로/잠시 몸을 뉘었다가/잠시 생각에 잠겼다가"처럼 나와 너의 낮은 사랑 거리 척도를 눈은 내려서 순결하게 덮는다. 나의 열정에 반응하지 않던 네가 연민으로 반응하기 시작하는 "그대의 눈물이 되는 눈"은 사랑 거리 척도가 낮은 곳에서 높은 곳으로 이동할 수 있다는 신호이다. 시적 주체가 사랑이란 화두를 들고 면벽 수행에 들었을 때, 침묵은 침묵의 층위를 만들어 "적멸보궁의 낡은 단청"처럼 사막에서 흩어진다. "있지 않음의 자리를 채울" 나의 간절함은 눈발처럼 가벼운 연민이 되어 지금-여기에서 사랑은 생성될 것이다. 시적 주체가 그대의 발자국을 기다리는 것을 보면, 홍성우의 시학은 낮은 사랑 거리 척도를 넘어 생성의 형식으로 품크툼하게 사랑을 체현하고 있음이 분명하다.

3. 멜랑콜리한 존재자의 사유

존재자가 자신을 세상에 드러낼 때, 자신의 표정과 색깔을 존재자는 알 수가 없다. 그런 것들은 타자와의 관계에서 '나'가 정립되고 퍼스낼리티는 타자의 시선으로 규명되기 때문이다. 존재자는 세상 속에서 타자와 맞서는 관계이므로 시적 주체는 멜랑콜리한 감정을 내면화할 수밖에 없다. 어머니의 태반처럼 아늑하지도, 대가성 없는 희생적 사랑도 없는 세상은, 시적 주체가 받아들일 수밖에 없는 숙명으로 존재한다. 더구나 사랑에 대한 스토리텔링은 애절하고 달콤하게 상대를 녹일 것 같지만, 현실은 다양한 경우의 수와 변수에 의해 뒤틀려 "그대는 이 비처럼/맑은 눈물 흘렸던가요?"라고 상처로 끝날 가능성이 높다. 아니면 "강물에 몸을 지우"는 사랑의 소멸을 견딜 수밖에 없다.

한 송이 눈물
그대는 내 다음 삶의 아픔이었던가요?
바다가 보이는 청솔나무 아래
짙푸른 슬픔들을 가득 싣고
빗줄기 사이 적막강산으로 다가가던
아름다운 흐느낌이었나요?

아름다워라
온몸이 눈물인
여름비

—「여름비」 부분

내가 잠시 머물러
헤엄을 치던가
아니면 자맥질을 위해 숨을 몰아가던
큰 산 아랫도리 하나
생각난 듯이
물 위로 차오르네

—「대성리 북한강」 부분

사물은 나를 반영한다. 이 무더운 여름날 시원하게 쏟아지는 소나기는 그녀의 아픈 눈물이다. 맺어지지 못한 나와 그녀의 관계는 이별의 정한으로 시적 주체에게 각인되어 여름비에 투사된다. 시적 주체는 여름비 속에서 그녀의 눈물을 본다. 아마, 그녀는 이루지 못한 사랑 때문에 지금도 눈물 흘리고 있을 것이라고 '나'는 유교 문화의 자장권에서 상상한다. 내가 아프니 너도 아플 것이고, 청솔나무가 저토록 푸르니 너 또한 슬플 것이라고 물아일체의 세계에 몰입해 흐느낀다. 우리의 이별은 운명이 허락하지 않은 슬픈 인연으로 '아름다움'으로 이름 지을 수 있다. 그것은 김소월이 진달래꽃을 길에 뿌리는 산화공덕의 또 다른 형식으로 '나'는 이별의 길에 비를 뿌리고 있다. 내가 가는 길이 그녀가 뿌린 비로 하염없이 젖는다. 끝없이 흘러내리는 비는 그녀로부터 출발해 하늘과 땅과 우주를 젖게 한다. 그 아름다운 흐느낌은 멜랑콜리한 사랑의 문제틀 속에 갇혀 있는 그녀였다. 그렇게 여름비는 아름다웠고, 여름비는 "온몸이 눈물"일 수밖에 없는 멜랑콜리한 몸 담론으로 허공을 두드리며 목 놓아 흐느낀다. 시적 주체의 감정을 싣고 강물은 흘러간다. 흐르는 강물 속에 내가 있고 그녀가 있으며, 그녀는 눈을 깜박이며 내 앞에 살아 있다. 시적 주체의 연민이 너무 깊고 사랑에 대한 파토스의 파고가 너무 높아 "큰 산 아랫도리 하나"가 움직인다. 산에 투사된 나의 감정은 섹슈얼리티한 메타포로 이토록 아프게 현시된다. 현실의 시공간을 넘어서 그녀는 물자체가 되었다.

그러므로 낙타 한 마리는 멜랑콜리한 존재자의 사유를 싣고 가는 우리의 현실태로 존재한다.

> 낙타 한 마리
> 있었으면 좋겠다
>
> 눈썹 위로
> 재즈풍의 바람 흐르는 날
> 당신이 돌보던 낙타

손바닥보다 더 작은 나뭇잎에 가리운 날

짙은 소금기 묻은
우리의 사랑이
희디흰 햇살로 흩어져 날리면
세상엔 변한 것 없이

낙타는
떠날 차비와 돌아올 차비마저 끝내고

또 한 번 마주쳐
기인 강 끝나는 바다

뒤척이며 몸 가누지 못하는
당신과 나는

오래된 나무뿌리처럼
사막을 건너는

"낙타에게 길을 물을 것"

—「낙타에게 길을 묻다」 전문

낙타에게 길을 물을 수밖에 없는 것은 시적 주체가 절망에 빠져 그 깊은 아포리아의 늪을 헤쳐 나와야 하기 때문이다. 인간이 위대한 것은 오래 살아서도 아니고, 문명을 이룩해낸 이성적 동물이어서도 아니다. 오직 인간의 위대성은 자신이 빠져 있는 아포리아의 늪을 인식하고 그것을 해결하고자 하는 대안을 내놓을 때이다. 바로 이 지점에서 멜랑콜리한 존재자인 우리는 위무 받을 수 있게 된다. 인간과 낙타는 다르다. 인간은 등에 혹이 없는데 낙타는 등에 혹이 있어서 며칠간 먹지 않고도 사막을 걸어갈 수 있다. 시적 주체가 살고 있는 지금-이곳은 "짙은 소금기 묻은/우리의 사랑이/희디흰 햇살로 흩어져" 사막화가 급속히 진행되고 있다. 이제 우리는 인간의 몸으로는 견딜 수 없는 환경에 내던져 있는 절체절명의 위기와 만난다. 환경의 변화에 대응하지 못하면 그대 다시는 아포리아의 문을 열지 못할 것이다. 이 때문에 너와 나는 "또 한 번 마주쳐/기인 강 끝나는 바다"에서 절망이 촉발되는 방식에 넋을 놓다가 "뒤척이며 몸 가누지 못하는/당신과 나는" 길을 묻는다. 우리와는 전혀 다른 혹이 있는 낙타에게. 이것은 차가운 머리와 뜨거운 가슴이 조화를 이룬 샐러드 볼 같은 것이다. 이제 이곳의 혼돈과 공허한 순간이 영속성을 가질 것임으로 시적 주체는 이상향을 찾아가는 보헤미안(bohemian)이 되어야 한다.

4. 사랑의 에피파니

살펴본 것처럼 홍성우의 첫 시집『그대 머릿결에 쌓이는 슬픔처럼』은 세상의 타자에게 멜랑콜리한 사랑의 에피파니를 드러내는 신호이다. 시적 주체가 딛고 서 있는 이곳은 사랑과 기쁨으로 충만한 곳이 아니다. 세상이라는 존재 속으로 들어가는 순간, '나'는 형이상학으로 존재하는 알 수 없는 사랑 때문에 상처받는 나약한 모습으로 표상된다. 그 절망의 한복판에서 그의 시는 한 송이 꽃처럼 피어나 나부꼈고, 그 절망의 끝에서 초월자의 메타 시선으로 사랑의 신호가 떠돈다. 사랑을 딛고 허공에 떠 있는 프레임 안에서 자신을 스스로 정립시키는 시인의 발화된 신호에 우리는 주목해야 한다. 홍성우 시인이 펼치는 시적 장면이 데칼코마니적으로 우울하게 병치되었을지라도 우리는 사랑이 현현되지 않음에 안타까워할 필요는 없다. 왜냐하면, 신호가 가는 곳을 따라가다 보면 시적인 감응으로 사랑이 무너진 자리에서 다시 사랑이 시작되는 가능성을 보게 될 것이기 때문이다. 꽃이 진 자리에서 다음해에 꽃은 핀다. 시인의 뜰로 형이상학적인 주름의 무늬와 꽃내음이 시간의 흐름에 따라 아름답게 스며든다.

시적 주체가 진술한 삶의 질곡보다 더 큰 슬픔이 진술의 저편에 존재한다. 이 시집의 곳곳에 홍성우 시인은 견자의 자세로 "본디 흔들리는 그대에게로 가는"(「개심사」) 길을 만들어놓는다. 시인은 시야를 가리었던 안개가 걷히고 한 줄기 햇살이 상징적 존재로 쏟아지는 감미로운 시공간을 꿈꾼다. 이렇게 홍성우의 시는 힘겹게 아포리아의 문에 균열을 가하며 "그대가 그리워/절 하나 지었네"(「지리산 천은사」)라고 사랑의 에피파니를 드러낸다. 그것은 우울한 프레임을 열어젖히는 영속적인 사랑의 가능성을 예고한다. 사랑의 생성은 소멸을 전제로 하는 것이기 때문에 강렬한 아름다움이다. 그것은 한순간 빛나는 에너지로 타오르다가 붉게 가슴에 화인을 찍는다. 그 애절한 속성으로 사랑이 지나간 자리에서 우리는 추체험과 함께 근원적 복원의 기술을 연구한다. 이제 멜랑콜리한 사랑의 발신자인 홍성우 시인에게 세상의 모든 주체는 답해야 한다. 우리 또한 사랑의 핸디캡을 안고 푼크툼하게 각자의 자리에서 사랑의 에피파니를 죽도록 그리워한다고.

그대 머릿결에 쌓이는 슬픔처럼

그대 가슴속에 내려 쌓이는

흰 눈이 왔으면 좋겠습니다

그대가

죽도록 보고 싶은 날

—「그대 머릿결에 쌓이는 슬픔처럼」 전문

이 도서의 국립중앙도서관 출판시도서목록(CIP)은 서지정보유통지원시스템 홈페이지(http://seoji.nl.go.kr)와 국가자료공동목록시스템(http://www.nl.go.kr/kolisnet)에서 이용하실 수 있습니다.(CIP제어번호: CIP2014024767)

문학의전당 시인선 183

그대 머릿결에 쌓이는 슬픔처럼

초판 1쇄 인쇄 2014년 8월 25일
초판 1쇄 발행 2014년 8월 30일

지은이 홍성우
펴낸이 김석봉
책임편집 이현호
디자인 조동욱
펴낸곳 문학의전당
출판등록 제311-2012-000043호
주소 서울시 은평구 연서로11길 7-5 401호
편집실 서울시 마포구 마포대로 127, 413호(공덕동, 풍림VIP빌딩)
전화 02-852-1977
팩스 02-852-1978
블로그 http://blog.naver.com/mhjd2003
전자우편 sbpoem@naver.com

ISBN 978-89-98096-90-8 03810